Gedovius, Juan
Encimosaurio / Juan Gedovius. – México : Ediciones SM, 2012
40 p. : il. ; 26 x 22 cm.

ISBN : 978-607-24-0562-2

1. Libros ilustrados para niños. 2. Imaginación – Literatura infantil.
I. t.

Dewey 808.068 G43

Coordinación editorial: Laura Lecuona
Editor: Federico Ponce de León
Diseño: Juan José Colsa

Primera edición, 2012
D. R. © SM de Ediciones, S. A. de C. V., 2012
Magdalena 211, Colonia del Valle,
03100, México, D. F.
Tel.: (55) 1087 8400
Para conocer SM, su fondo editorial y sus servicios: www.ediciones-sm.com.mx
Para andar entre, hacia y con los libros: www.andalia.com.mx
Para comprar libros de SM en línea: www.libreriasm.com

ISBN: 978-607-24-0562-2

Miembro de la Cámara Nacional de la Industria Editorial Mexicana
Registro número 2830

Encimosaurio
se terminó de imprimir en octubre de 2012,
en Offset Santiago, S. A. de C. V.,
Av. Río San Joaquín núm. 436,
Ampliación Granada, c. p. 11520, México, D. F
En su composición se emplearon las fuentes
ITC Stone Informal y Myriad Pro

Impreso en México / *Printed in Mexico*

Encimosaurio

Juan Gedovius

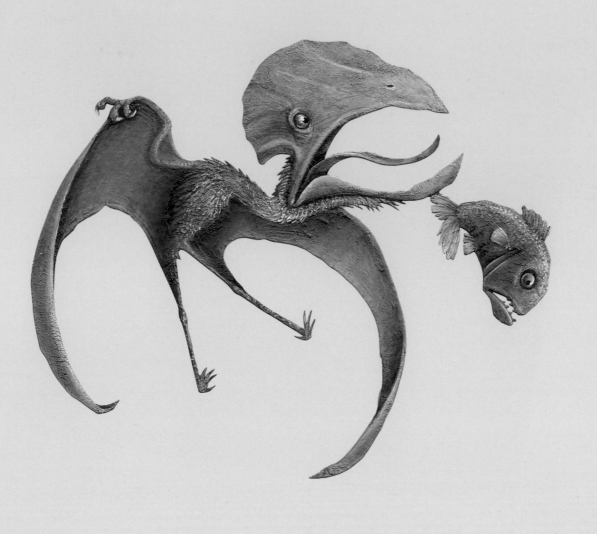

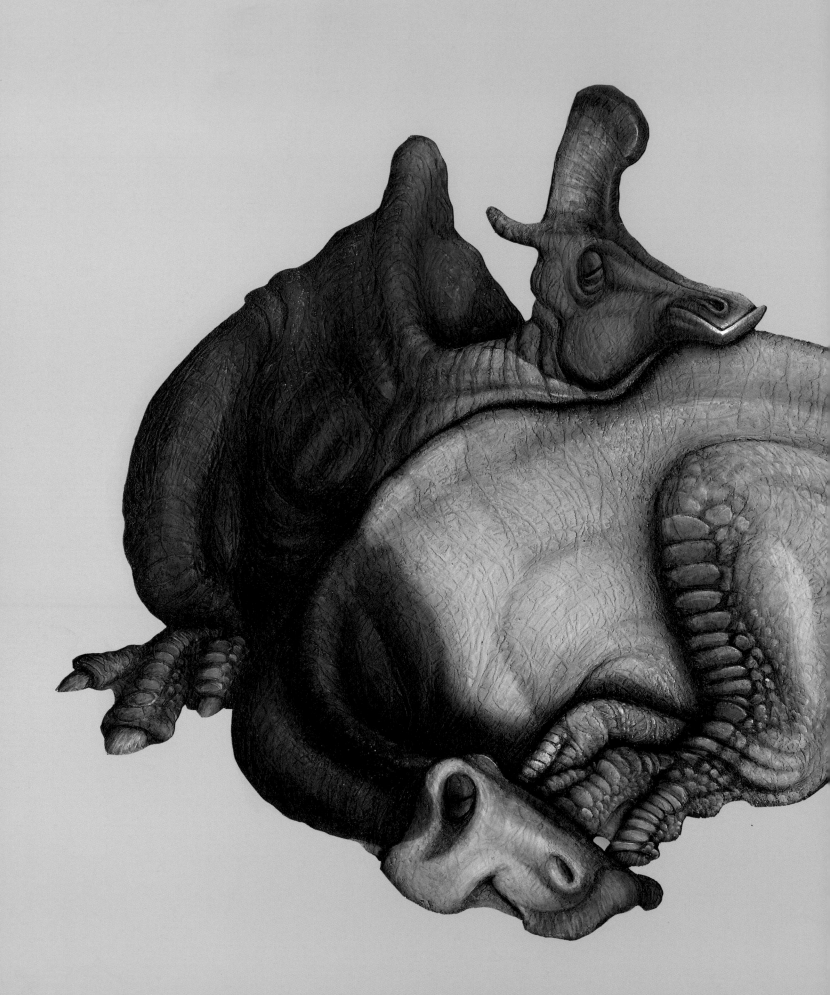

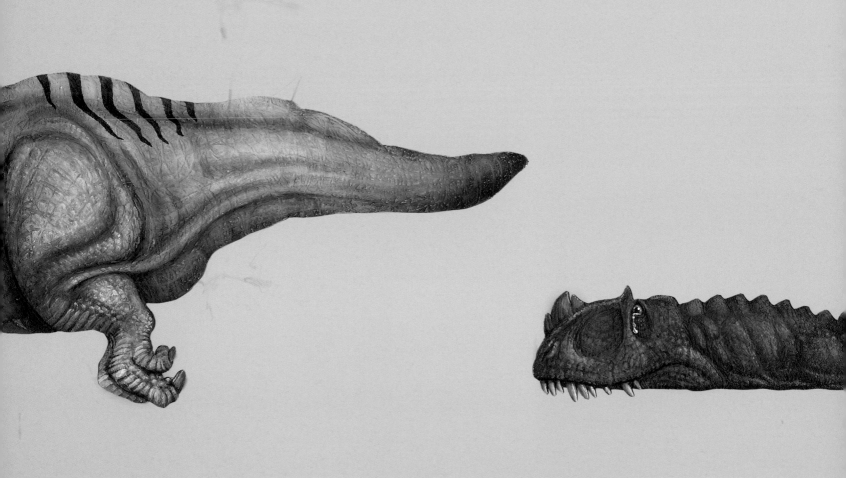

Sobre los personajes

Beipiaosaurio

Fue un dinosaurio de apariencia lanuda cubierto de largas plumas primitivas. Se encontró cerca de Beipiao, ciudad ubicada en el noreste de China; de ahí su nombre, "lagarto de Beipiao". Se alimentaba de plantas y medía 2.2 metros de largo. Pertenece a la familia de los tericinosaurianos ("lagartos guadaña"). Vivió hace como 125 millones de años en lo que hoy es Asia.

Albertaceratops

Herbívoro de 6 metros de largo. Tenía largos cuernos frontales, un borde rugoso sobre la nariz y un par de gruesos ganchos al final de la gorguera (esa parte ancha del cuello). Vivió hace cerca de 78 millones de años en lo que hoy es Alberta, Canadá. Su nombre podría traducirse como "cara con cuernos de Alberta".

Ceratosaurio

Se calcula que este carnívoro vivió entre 145 y 150 millones de años atrás. Sus restos se han encontrado en Estados Unidos, Tanzania y Portugal. Su cuerpo, alargado y flexible, medía 6 metros, comenzaba con una protuberancia en la nariz semejante a un cuerno y terminaba en una cola parecida a la de los actuales cocodrilos. Este ágil depredador tenía 4 dedos en cada mano. Su nombre significa "lagarto cornudo".

Lambeosaurio

Fue un dinosaurio "pico de pato" cuyo nombre, "lagarto de Lambe", es homenaje a Lawrence Lambe, su descubridor. Comía plantas, medía hasta 15 metros de largo y tenía una cresta hueca que le daba su apariencia característica. Vivió en buena parte de lo que conocemos hoy como Norteamérica (de Canadá al norte de México) desde hace unos 80 millones de años hasta la gran extinción de hace 65 millones de años.

Parasaurolophus

Debido a su posible parentesco con un dinosaurio de nombre Saurolophus, que significa "lagarto crestado", el nombre de este quiere decir "cercano al lagarto crestado". Este "pico de pato" ostenta en la cabeza un adorno con forma de tubo que tal vez pudo servir para emitir ciertos sonidos (se cree que parecidos a los del trombón). Medía 10 metros de largo y vivió hace cerca de 76 millones de años en lo que hoy son Estados Unidos y Canadá. Desapareció hace 65 millones de años.

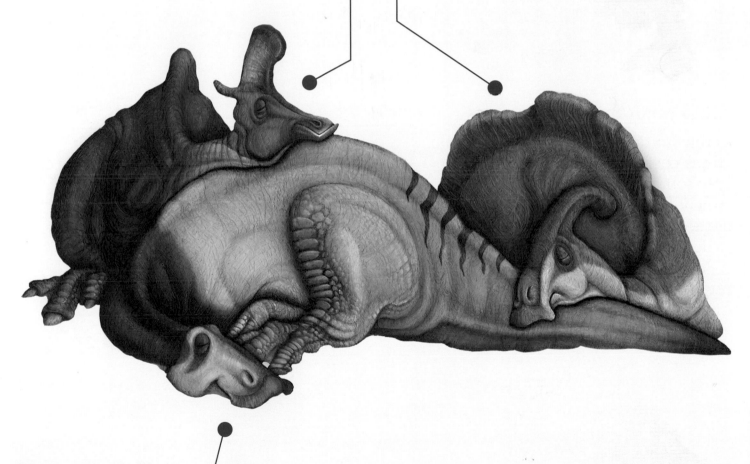

Edmontosaurio

Los primeros fósiles de este enorme herbívoro "pico de pato" (llamado así por la forma de su cráneo, no por algún parentesco con los patos) se hallaron en Edmonton, Canadá, razón por la cual en español se llamaría "lagarto de Edmonton". Llegó a medir 13 metros de largo y a pesar cerca de 4 toneladas. Trituraba su alimento con los más de mil dientes con que contaba. Vivió hace unos 71 millones de años. Constituía manadas muy numerosas a lo largo de lo que hoy es Canadá. Su paso por el mundo terminó hace 65 millones de años.

Oviraptor

Su nombre quiere decir "ladrón de huevos", pero resultó de malinterpretar sus primeros restos fósiles: más tarde se descubrió que no robaba huevos, sino que los cuidaba como hacen las aves actuales. Medía 2 metros de largo y poco más de 1 metro de alto. Un poderoso pico sin dientes, una extraña cresta y garras de 8 centímetros son algunas de las características de este plumífero que vivió en lo que hoy es el desierto de Gobi (norte de China y sur de Mongolia) hace cerca de 80 millones de años.

Saltasaurio

Aun cuando pertenece a la familia de los dinosaurios más grandes, este titanosaurio, descubierto en Salta, Argentina, solo medía 12 metros de la cabeza a la cola. A lo largo del dorso tenía redondas placas óseas y contaba con una piel muy resistente; todo esto formaba una especie de armadura. Vivió unos 5 millones de años hace aproximadamente 70 millones en lo que hoy se conoce como Sudamérica.

Troodon

Este ágil depredador no solo tenía dientes filosos, dedos opuestos con largas garras de gancho y ojos grandes con vista periférica: tenía el cerebro más grande, complejo y evolucionado entre los dinosaurios. Por lo tanto, quizá fue el más inteligente. Su nombre significa "diente que hiere". Medía 2 metros de largo, pesaba unos 50 kilogramos y vivió en parte de lo que hoy es Norteamérica hace aproximadamente 70 millones de años.

Tupuxuara

Este lagarto alado vivió hace unos 125 millones de años en lo que hoy es Brasil. Su nombre viene de la mitología tupí, una etnia de aquel país, y significa "espíritu familiar". Medía 2.5 metros de largo y 5.4 metros de ancho con las alas extendidas. Su cabeza era enorme, de casi un metro, pero muy ligera. Al parecer vivía cerca del mar y se alimentaba de peces. Duró en el mundo unos 10 millones de años.

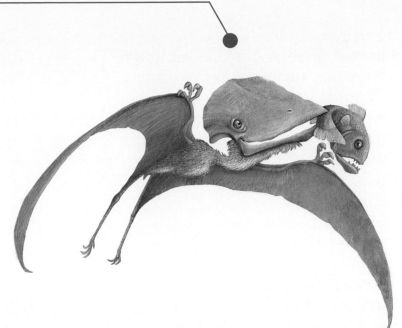

Estegosaurio

Con una longitud de hasta 13 metros, este gran vegetariano cuadrúpedo vivió hace como 160 millones de años en lo que hoy es Norteamérica, aunque también en Europa se han encontrado restos suyos. Una fila doble de placas parecidas a tejas recorría su lomo; de ahí viene su nombre: "lagarto con techo". Las púas de su cola podían alcanzar los 90 centímetros de largo. A pesar de su enorme tamaño, su cerebro quizá fue el más pequeño entre los dinosaurios. Desapareció hace casi 145 millones de años.

Los dinosaurios han sido objeto de mi fascinación desde que me salieron los dientes de leche. Siempre quise tener uno como mascota, como vehículo, como compañero de aventuras, como amigo. Todavía.

Juan Gedovius